© privat

Michael Engler studierte in Düsseldorf Visuelle Kommunikation und arbeitete zunächst als Szenarist und Illustrator. Anschließend war er mehrere Jahre lang als Artdirector in Werbeagenturen tätig. Heute lebt er mit seiner Familie als freier Autor in Düsseldorf und schreibt Bilderbücher, Kinder- und Jugendbücher, Theaterstücke und Hörspiele.

© Beatrice Treydel

Joëlle Tourlonias, geb. 1985, hat Visuelle Kommunikation mit den Schwerpunkten Illustration und Malerei an der Bauhaus Universität Weimar studiert. 2009 machte sie sich selbstständig. Sie zeichnet, malt, lebt und liebt in der Pampa in der Nähe von Frankfurt am Main.

Weitere Titel in dieser Reihe:
»Wir zwei gehören zusammen«
»Wir zwei sind Freunde fürs Leben«
»Wir zwei im Winter«
»Wir zwei und das Ei«
»Wir zwei machen uns Mut«
»Wir zwei – Ein Jahr voller Geschichten«
Zu »Wir zwei« gibt es auch tolle Pappbilderbücher, Kalender, Mitmach- und Eintragbücher – zum Entdecken unter:
buchstabenbande.com/wir-zwei/– sowie pädagogisches Begleitmaterial:
buchstabenbande.com/paedagogen

MIX
Papier | Fördert
gute Waldnutzung
FSC® C002795
FSC
www.fsc.org

Die Bastei Lübbe AG verfolgt eine nachhaltige Buchproduktion. Wir verwenden Papiere aus nachhaltiger Forstwirtschaft und verzichten darauf, Bücher einzeln in Folie zu verpacken. Wir stellen unsere Bücher in Deutschland und Europa (EU) her und arbeiten mit den Druckereien kontinuierlich an einer positiven Ökobilanz. Dieser Titel ist auch als E-Book erhältlich.

Originalausgabe

Copyright © 2020 by Bastei Lübbe AG, Köln

Lektorat: Sigrid Vieth
Illustrationen und Umschlagmotiv: Joëlle Tourlonias
Gesetzt aus der Chaparral
Druck und Einband: Livonia Print, Riga
Printed in Latvia

ISBN 978-3-8339-0609-1

5 4 3 2

Sie finden uns im Internet unter: luebbe.de
Besuchen Sie auch die bunte Welt der BuchstabenBande: buchstabenbande.com

MICHAEL ENGLER   JOËLLE TOURLONIAS

Wir zwei sind füreinander da

Baumhaus

Die warmen Strahlen der Frühlingssonne schmolzen
    zuerst den Schnee, dann das Eis.
Der Bach sprudelte höher und schneller als je zuvor.
    Krokusse und Schneeglöckchen brachen durch die harte Erde.
Zarte grüne Blätter zwängten sich durch die raue Rinde
    von Büschen und Bäumen.

Lange hatte der Hase geduldig gewartet,
nun war es endlich so weit.
Es wurde Zeit, dass der Igel endlich
aus seinem Winterschlaf geweckt wurde.

»Hast du gut geschlafen?«, fragte der Hase.

»Ich habe von uns geträumt«, antwortete der Igel
und lächelte dabei.

Verschlafen rieb er seine Augen und machte
ein paar vorsichtige Schritte nach draußen.

Das Sonnenlicht blendete ihn zunächst,
denn er hatte seine Augen wochenlang geschlossen.

Dann aber roch er die frische Frühlingsluft.
Die Augen wurden groß und blickten fröhlich.

Neues Leben kehrte in sein Herz.
Er wollte spielen, herumtollen, die Welt genießen
und all seine Freunde wiedersehen.

»Lass uns spielen!«, rief er dem Hasen zu.

Der nickte.

Dann nieste er.

Und nieste noch einmal.

»Du siehst nicht gut aus«, meinte der Igel besorgt.

»Ich fühle mich auch gar nicht gut«, sagte der Hase.

»Dabei habe ich doch die ganze Zeit auf dich gewartet.«

Dann nieste er noch einmal, sein Hals tat ihm weh, und die kleine Nase lief unaufhörlich.

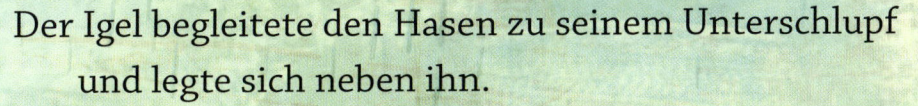

Der Igel begleitete den Hasen zu seinem Unterschlupf
    und legte sich neben ihn.
»Bleibst du bei mir?«, bat der Hase.
    Der Igel nickte.
Hier war es warm und trocken. Das tat dem Hasen gut.
    Draußen aber lockten der Frühling und die bunte Natur.
Es tat dem Igel sehr leid,
    dass er nicht auch dort sein konnte.

Nach und nach kamen das Eichhörnchen,
   der Biber und das Wiesel.
Sie alle wollten spielen.
   »Wir haben so lange auf dich
und den Frühling gewartet!«, riefen sie.
   »Aber der Hase ist krank
und kann nicht spielen«, sagte der Igel.
   Der Hase nieste zwei Mal.

»Na, dann spielen wir eben nur mit dir«,
schlug das Wiesel vor.
»Wenn der Hase nicht kann, dann kann er eben nicht«,
meinte das Eichhörnchen.

Der Igel sah zu seinem kranken Freund,
der ihn so dringend brauchte.
Dann sah er hinaus und stellte sich vor,
wie er mit den anderen herumtobte.
Wie er Verstecken spielte oder Bachhüpfen.
Wie er dicke Schnecken suchte und
mit seinem Bauch über das frische Gras streifte.
Er wollte nach draußen.

Und gleichzeitig wollte er seinen Freund
nicht allein lassen.
Der Hase schien zu spüren, was der Igel fühlte.
»Geh ruhig«, sagte er.

Oh, wie herrlich es hier draußen war!
    Der Igel rollte sich zusammen und kugelte den Hang hinab.
Er versuchte, über den Bach zu springen,
    doch fiel er dabei ins Wasser.
»Ich bin wohl ein wenig eingerostet«, sagte er entschuldigend.
    Aber die anderen waren beeindruckt,
wie weit er überhaupt springen konnte. Wo er doch
    so lange geschlafen hatte.

»Und jetzt spielen wir Bachplanschen!«,
    schlug der Biber vor.
Oh ja, das wollte der Igel sehr gerne.
    Dann aber dachte er an den Hasen.
Sein Herz wurde schwer.

Schnell eilte er zurück zu seinem Freund.

Der Hase sah jetzt noch schlechter aus,
und er nieste auch viel mehr.

»Es tut mir leid, dass ich dich allein gelassen habe«, sagte der Igel.
Der Hase stöhnte nur noch leise.

»Ach«, machte er.

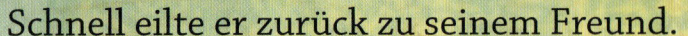

»Komm endlich wieder raus!«, riefen die anderen dem Igel zu.

Der war viel zu besorgt, als dass er jetzt hätte spielen können.

Er ärgerte sich über die anderen.

Warum nahmen sie keine Rücksicht?

War ihnen der Hase etwa egal?

»Ihr denkt gar nicht an den Hasen!«, schimpfte der Igel.

»Doch«, sagte das Eichhörnchen. Aber leise. Denn es wusste, dass das nicht so ganz stimmte.

Auch das Wiesel und der Biber nickten.

»Aber ihr kümmert euch nicht um ihn«, sagte der Igel nun.

»Der Hase wird bestimmt nicht davon gesund, dass du nicht mehr mit uns spielst«, meinte das Wiesel.

Womit es wahrscheinlich recht hatte.

Der Igel dachte kurz nach, dann antwortete er:

»Aber er wird schneller gesund, wenn ein Freund bei ihm ist.«

Womit er wahrscheinlich recht hatte.

Das ließ die anderen Tiere verstummen.

Der Hase nieste kläglich in seinem Unterschlupf vor sich hin.

Ansonsten war es still.

Schließlich räusperte sich der Biber.

»Vielleicht hast du recht«, sagte er. »Vielleicht können wir dir helfen.«

»Aber wie?«, wollte der Igel wissen.

Das interessierte die anderen auch.

»Wenn jeder von uns ein wenig Zeit mit dem Hasen verbringt,
    können die anderen spielen.
Und nach einer Weile kommt ein anderer,
    der beim Hasen bleibt«, schlug der Biber vor.
Die anderen dachten kurz nach.
    Eigentlich hatte der Biber recht.
Dabei war das so einfach,
    dass es ihnen selbst hätte einfallen können.

Später tobte der Igel auf der Wiese herum, während das Eichhörnchen
dem Hasen von vergessenen Verstecken erzählte.
Anschließend setzte sich der Biber zum Hasen
und erklärte ihm zum hundertsten Mal, wie man
mit den Zähnen einen Baum fällt.
Als der Biber weiterspielen wollte, übernahm das Wiesel.
Es zeigte dem Hasen, wie ein Wiesel einen Fuchs erschreckt.
Da musste der Hase zum ersten Mal seit langer Zeit wieder lachen.
So ging das den lieben langen Tag immer weiter.
Einer ging spielen, ein anderer kam trösten.

Am nächsten Tag war der Hase wieder gesund.
Er lief mit seinen Freunden über die Wiesen
und gewann sogar zwei Mal beim Bachspringen.
Als er sich abends müde an den Igel kuschelte, sagte er:
»Es tut gut, so viele Freunde zu haben.«
»Es gibt nichts Besseres«, sagte der Igel.